Friggitrice ad Aria for Beginners

Friggitrice ad Aria Per Principianti la Guida con Ricette Facili e Deliziose per Cucinare senza Olio e Grassi e mantenersi in Forma.

By
Matilde Baldi

Questo documento è finalizzato a fornire informazioni esatte e affidabili riguardo all'argomento e alla questione trattata. La pubblicazione è venduta con l'idea che l'editore non è tenuto a rendere rendicontazione o altri servizi qualificati ufficialmente permessi. Se è necessaria una consulenza, legale o professionale, è necessario rivolgersi ad una persona esperta nella professione e protetta Da una dichiarazione di principi che è stata accettata e approvata allo stesso modo da un comitato dell'American Bar Association e da un comitato di editori e associazioni.

Le informazioni qui fornite sono dichiarate veritiere e coerenti e qualsiasi responsabilità, dovuta a disattenzione o altro, su qualsiasi uso o abuso di norma, procedimento o indicazione contenuta all'interno è la sola e totale responsabilità del lettore ricevente. In nessuna circostanza alcuna responsabilità legale o colpa potrà essere addebitata all'editore per qualsiasi riparazione, danno o perdita monetaria dovuta alle informazioni qui contenute, sia direttamente che indirettamente.

I rispettivi autori possiedono tutti i diritti d'autore non detenuti dall'editore.

Le informazioni qui contenute sono offerte esclusivamente a scopo informativo e come tali sono universali. La presentazione delle informazioni è senza contratto o qualsiasi tipo di assicurazione di garanzia.

I marchi sono utilizzati senza alcun consenso, e la pubblicazione del marchio è senza permesso o appoggio da parte del proprietario del marchio. Tutti i marchi e le marche all'interno di questo libro sono solo a scopo chiarificatore e sono di proprietà dei proprietari stessi, non collegati a questo documento.

SOMMARIO

Introduzione

Cos'è una friggitrice ad aria?

È ormai famosa. Con la friggitrice ad aria si può usare il 95% in meno di olio e grasso rispetto alla normale frittura per creare pasti semplici e veloci. Fondamentalmente, sono piccoli forni a convezione che pompano calore e aria usando una ventola in modo che il cibo si crogioli e cuocia facilmente senza un mucchio di grassi aggiunti.

Consigli per la friggitrice ad aria di cui hai bisogno per iniziare,

- Preriscaldare la friggitrice ad aria.
- Non sovraccaricare il cestello della friggitrice ad aria.
- Evitare gli spray da cucina.
- Tenete pulita la vostra friggitrice ad aria.
- Usa i tempi di cottura e di preparazione della ricetta come guida.

Friggitrice ad aria istantanea Vortex 6 qt

È semplice da usare ed è facile la sua pulizia. Viene fornito con una guida e un manuale di guida alla manutenzione. Il vassoio di cottura si infila nel fondo del cestello della friggitrice ad aria.

È stato veloce da spostare e leggero. Instant suggerisce di avere almeno 5" di spazio intorno all'apparecchio.

Nel Vortex sono inclusi i 6 programmi intelligenti che includono temperature e tempi di cottura reimpostati che è possibile adattare alle proprie impostazioni.

Puoi utilizzare la friggitrice ad aria per friggere patatine, crocchette di pollo, ali di cavolfiore e altro.

Per Preparare biscotti e pasticcini leggeri e morbidi, patate gratinate e altro ancora.

Per arrostire manzo, maiale, piatti di verdure, pesce e altro ancora.

Per riscaldare senza seccare o cuocere troppo e per preparare gli avanzi.

Si può utilizzare la funzione Broil per una cottura immediata dall'alto, sciogliere il formaggio intorno ai nachos, zuppa di cipolle francese.

Per Disidratare.

Quando si usa la friggitrice ad aria si può cambiare il tempo o la temperatura senza fermare la cottura. Per cambiare tempo di cottura o la temperatura sul quadrante premere il pulsante Time o Temp e spingere il quadrante prima che scatti.

Guida all'acquisto della friggitrice ad aria Vortex

Decidere quale sia quello giusto per voi può essere difficile.

L'Instant Vortex 6 Quart Air-fryer si pulisce rapidamente, è leggero e di semplice architettura.

Ci sono molte caratteristiche sorprendenti nel forno Instant Vortex Air-fryer. Lo sportello del forno in vetro è ottimo da avere perché si può vedere il progresso della cottura ed È più flessibile.

Consigli per pulire la friggitrice ad aria

Friggere il cibo crea disordine in cucina perché lascia molti piatti sporchi, padelle sporche e un rivestimento di grasso su tutto ciò che circonda la friggitrice. Le friggitrici ad aria, di solito, sono relativamente più pulite. Il cestello di cottura è completamente chiuso, eliminando cosi gli schizzi e il grasso ed evitando che l'olio e il grasso del cibo si versino giù nella padella sottostante. Ciò non significa che non ci sia bisogno di pulizia. La friggitrice ad aria deve essere pulita ogni volta dopo averla usata

.

Istruzioni

- Staccare la spina dalla presa elettrica e assicurarsi che si raffreddi.
- Pulire l'esterno della friggitrice ad aria con un panno umido.
- Pulire il vassoio, la padella e il cestello con sapone per piatti e acqua calda. Tutti i componenti della friggitrice ad aria, che possono essere rimossi, possono essere lavati nella lavastoviglie quindi metteteli in una lavastoviglie se preferite non pulirli a mano.
- Pulire con acqua calda e tessuto o spugna all'interno della friggitrice ad aria.
- Pulire delicatamente con una spazzola morbida se c'è del cibo attaccato all'unità di riscaldamento sopra il cestello del cibo.
- Prima di metterli nella friggitrice, controlla che il cestello, la padella e il vassoio siano sicuri.

Suggerimenti

- Si prega di non usare utensili da cucina per raschiare il cibo attaccato. Le parti della friggitrice sono coperte da un rivestimento (antiaderente) che è molto facile da pulire.

- Utilizzare Sempre una spugna per rimuovere gli avanzi di cibo bloccati nella leccarda o nel cestello.

- Se il cibo si attacca alla padella e al cestello, lasciateli immersi completamente in acqua calda e sapone. Ammorbidirà il cibo e lo renderà molto facile da rimuovere.

- Quando si cucinano molti cibi contemporaneamente, aspettare che l'ultimo sia completato, poi pulire la friggitrice ad aria.

Conservare correttamente la friggitrice ad aria

Una volta che la friggitrice è pulita, assicurati di riporla in modo sicuro. Aspetta quasi 30 minuti che si raffreddi prima di riporla. Assicurati che sia in posizione verticale e che non sia collegata alla presa di corrente quando lo riponi. Se c'è uno spazio adatto per i cavi, prima di spostare la friggitrice, infilali nello spazio apposito.

Manutenzione della friggitrice ad aria

Per assicurarsi che non si rompa o cominci a funzionare in modo improprio la vostra friggitrice ad aria ha bisogno di qualche semplice trucco di manutenzione, oltre al lavaggio di routine.

- Prima di ogni utilizzo, controllare i cavi. Non inserire mai una presa con un cavo piegato o sfilacciato. Potrebbero verificarsi gravi lesioni o addirittura la morte. Prima di usare la friggitrice, assicurarsi che i cavi siano puliti e senza danni.
- Prima di iniziare a cucinare, controlla che la macchina sia pulita e priva di polvere. Controlla l'interno se è passato molto tempo da quando hai usato la tua friggitrice ad aria. Potrebbe aver raccolto della polvere. Se il cestello ha dei residui di cibo, lavalo prima di iniziare a cucinare.

- Prima di iniziare a cucinare, assicuratevi che la friggitrice ad aria sia messa in posizione verticale su una superficie piano.
- Assicurarsi che la friggitrice ad aria non sia posizionata contro un muro o un altro dispositivo. Per sfogare correttamente il vapore e l'aria calda durante la frittura, la friggitrice ad aria ha bisogno di almeno 8 cm di spazio dietro e 8 cm di spazio sopra. Posizionandola in uno spazio ristretto, la friggitrice si surriscalderà.
- Prima di ogni utilizzo, esaminare visivamente ogni parte, compresi il cestello, la padella e il manico. Chiamate il produttore se notate parti difettose e fatele riparare.

Caratteristiche e funzioni

Come funzionano le friggitrici ad aria?

La friggitrice ad aria non è una friggitrice. È come una frittura al forno. Non cuoce il cibo come farebbe la cottura lenta o la frittura in padella.

La maggior parte dei modelli non ha bisogno di preriscaldamento, il che fa risparmiare molto tempo, e cuociono il cibo velocemente. Non affumicano la cucina come il forno e funziona nei climi più caldi e nella stagione calda.

Cosa bisogna cercare in una friggitrice ad aria?

Una sola marca come Instant domina le vendite di friggitrici ad aria, facendo la differenza tra le pentole a pressione. Se sei a caccia della friggitrice ad aria giusta per te ci sono alcune caratteristiche e variabili che devi tenere in considerazione.

Caricamento: Per caricare e scaricare il cibo, alcuni modelli hanno cassetti frontali, mentre altri hanno un coperchio a ribalta. Per semplicità e sicurezza gli specialisti raccomandano le versioni a cassetto.

La semplicità d'uso: I comandi sono facili da capire e da usare. Vuoi che tutti nella tua famiglia usino una friggitrice ad aria allora anche staccare e pulire il cestello dovrebbe essere semplice.

Controlli Le temperature fino a 200 gradi C F possono essere impostate per la maggior parte dei modelli, anche se altri hanno solo un'impostazione di temperatura. Molte persone preferiscono avere un pulsante di riscaldamento per gli avanzi e le pre-impostazioni per i cibi a base di pesce e pollo.

La funzionalità può fare la differenza. È possibile mettere in pausa la cottura per girare o mescolare il cibo? In alcune versioni bisogna reimpostare il tempo e la temperatura.

Dimensioni., La maggior parte delle versioni in vendita sono abbastanza grandi per una o due persone. Dovrai fare più di un'infornata o acquistare un modello più grande se stai preparando con più persone, il che potrebbe occupare molto spazio sul bancone. Alcune versioni combinano un forno, un tostapane e una friggitrice ad aria quindi puoi risparmiare un po' di spazio.

Consigli per conservare gli avanzi

Come riscaldare in modo sicuro gli avanzi?

In primo luogo per evitare lo sviluppo batterico, raffreddare gli avanzi a 40 gradi Fahrenheit per 2 ore prima di utilizzarli. 165 gradi Fahrenheit è la temperatura sicura per riscaldare gli avanzi di cibo quindi sarebbe bene avere un termometro per alimenti pronto a garantire che si uccida qualsiasi batterio malsano. In generale è intelligente coprire gli avanzi prima di riscaldarli per mantenere l'umidità e garantire che il cibo si riscaldi durante l'intero processo. Assicurati solo che la copertura sia sicura per il dispositivo che usi. Mentre stai riscaldando gli avanzi precedentemente congelati, come le frittelle o una torta di frutta, è possibile ricongelare qualsiasi porzione scongelata non consumata

---

Capitolo 1: Ricette Veloci, Spuntini e Aperitivi

1. Tacos coreani con la friggitrice ad aria

Tempo di cottura: 10 min, Tempo di preparazione: 10 min, Difficoltà: Facile, Porzioni: 6

Ingredienti

Marinatura

- 2 cucchiaini di zenzero tritato 6g
- 1 tazza di cipolla, affettata
- 2 cucchiai di Gochujang (salsa fermentata salata, dolce e piccante)
- 1 cucchiaio di salsa di soia scura
- 2 cucchiaini di zucchero o 1 cucchiaino di stevia 8g
- 1/2 cucchiaino di sale kosher 2g
- 700g di controfiletto di manzo (tagliato sottile)
- 2 cucchiai di olio di sesamo
- 2 cucchiaini di aglio tritato 6g
- Verdure e carne
- 2 cucchiai di semi di sesamo

Per servire

- 1/2 tazza di kimchi 120 ml (piatto coreano con verdure e frutti di mare)
- 12 tortillas di farina
- 1/4 di tazza di coriandolo (tritato)
- 1 cespo di lattuga romana
- 1/2 tazza di scalogni verdi (tritati)

Istruzioni

1. Mettere le cipolle affettate, il manzo affettato e le cipolle verdi in un sacchetto di plastica con chiusura lampo. Aggiungere salsa di soia, gochujang, aglio, zenzero, olio di sesamo, semi di sesamo e dolcificante. Premere bene il sacchetto per far mescolare bene la salsa e la carne.

2. Lasciare il manzo a marinare per quasi 30 minuti o metterlo in frigorifero fino a 24 ore.

3. Mettere le verdure e la carne nel cestello della friggitrice ad aria. Impostare la friggitrice a 200 gradi C per quasi 12 minuti, scuotendo a metà cottura

4. Per servire, mettete la carne nelle tortillas, coprite con coriandolo, cipolle verdi e kimchi.

5. Servite i tovaglioli per questo pasto disordinato ma molto delizioso.

2. Hamburger con la friggitrice ad aria

Tempo di cottura: 10 min, Tempo di preparazione: 5 min, Difficoltà: Facile, Porzioni: 1

Ingredienti

- 4 panini per hamburger (senza glutine)
- Pomodori
- 450g di manzo macinato
- Sale
- 4 fette di formaggio
- Pepe nero macinato
- Maionese
- Guarnizioni

Istruzioni

1. Preriscaldare la friggitrice a 180 gradi C
2. Mescolare il sale, il pepe nero e il manzo in una ciotola.
3. Fare il composto per 4 polpette di hamburger.
4. Cospargere di olio il cestello della friggitrice, aggiungere le polpette.
5. Cuocere per quasi 12 minuti e girarle a metà cottura.
6. 1 minuto prima che siano cotte rimuovere il cestello della friggitrice ad aria. Ricoprire ogni hamburger con

il formaggio, rimetterlo nella friggitrice e riscaldare fino a cottura ultimata.

7. Preparare gli hamburger e servire.

3. Gombo fritto cajun con salsa cremosa al peperoncino

Tempo di cottura: 8 min, Tempo di preparazione: 10 min, Difficoltà: Facile, Porzioni: 6

Ingredienti

- gombo
- 125 g di farina di mais
- 125 ml di latticello
- 2 cucchiai di condimento della casa
- 125 g di farina
- 3 cucchiai di salsa di peperoncino dolce tailandese
- Olio per spruzzare
- Un pizzico di condimento Cajun
- Salsa cremosa al peperoncino
- 1 kg di gombo fresco (1 cm)
- 1 tazza di maionese
- 1/3 cucchiaino di pepe rosso macinato 1g
- 1 cucchiaio di salsa chili all'aglio

Istruzioni

1. Prendete una ciotola media, mescolate la farina, spezie di stagione, Cajun e la farina di mais. Mettere il latticello in una piccola ciotola. Mettere il gombo nel latticello, poi nella miscela di farina di mais ed infine su una teglia da forno avvolta con carta da forno. Raffreddare il gombo pastellato in frigorifero per quasi 30 minuti.

2. Lavorando più riprese, spruzzare il gombo con olio e metterlo nel cestello della friggitrice ad aria. Impostare la temperatura a 200 gradi C e cuocere per quasi 5 minuti. Condire il gombo correttamente, cospargere con olio, e cuocere per quasi 5 minuti. Fare lo stesso e cuocere per quasi 3 minuti di più. Ripetere con il resto dei gombi.

3. Servire caldo con la salsa al peperoncino.

4. Per fare la salsa di peperoncino, unire la salsa di peperoncino dolce tailandese, la salsa di peperoncino all'aglio, la maionese e il pepe rosso in una piccola ciotola, e mescolare bene.

5. Coprire e raffreddare fino al momento di servire.

4. Ricetta dell'hamburger di falafel con la friggitrice ad aria

Tempo di cottura: 15 min, Tempo di preparazione: 3 min, Difficoltà: Facile, Dose: 2

Ingredienti

- 400 g di lattina di ceci
- 140 g di avena senza zucchero
- 1 cipolla rossa piccola
- 28 g Formaggio a pasta dura
- 1 limone piccolo
- 4 cucchiai di formaggio morbido
- 28 g di formaggio Feta
- 1 cucchiaio di purea d'aglio
- 3 cucchiai di yogurt greco
- 1 cucchiaio di prezzemolo
- 1 cucchiaio di coriandolo
- Sale e pepe
- 1 cucchiaio di origano

Istruzioni

1. Mettere in un frullatore o in un robot da cucina tutto l'aglio, i condimenti, la cipolla rossa, la scorza di limone e i ceci scolati. Mescolare fino ad ottenere un impasto grossolano non liscio.

2. Mescolateli in una ciotola con il formaggio a pasta dura, ½ del formaggio morbido e la feta.

3. Fateli a forma di hamburger.

4. Rotolare nell'avena senza zucchero fino a coprire tutto il composto di ceci.

5. Metteteli nella friggitrice ad aria all'interno della teglia e cuocete per quasi 8 minuti a 180 gradi C.

6. Preparare la salsa per l'hamburger. In una terrina aggiungere lo yogurt greco, il resto del formaggio morbido e in più un po' di pepe e sale. Mescolate fino a che sia soffice e leggero. Aggiungere il succo del limone e mescolare.

7. Mettere l'hamburger di falafel nei panini con guarnizione.

8. aggiungere con la salsa.

5. I migliori hamburger vegani di lenticchie con la friggitrice ad aria

Tempo di cottura: 30 min, Tempo di preparazione: 10 min, Difficoltà: Facile, Porzioni: 4

Ingredienti

- 4 panini per hamburger vegani
- 1 cipolla grande sbucciata e tagliata a dadini
- 100 g di lenticchie Beluga nere
- 100 g di cavolo bianco
- 1 cucchiaio di purea d'aglio
- 300 g di avena senza zucchero
- 1 carota grande sbucciata e grattugiata
- Basilico fresco opportunamente pulito e tritato
- Sale e pepe
- 1 cucchiaino di cumino

Istruzioni

1. Iniziate mettendo la vostra avena senza zucchero nel frullatore. Frullate fino a che non assomigli alla farina.

2. Mettere il composto ottenuto in una casseruola e coprirlo bene con acqua.

   Cuocere a fuoco medio per quasi 45 minuti.

---

3. Contemporaneamente, mettete le verdure nell'Instant Pot e cuocetele a vapore per quasi 5 minuti usando la funzione vapore.

4. Scolate le lenticchie e mettetele in una grande ciotola con l'avena e le verdure al vapore.

5. Aggiungere il condimento e farne degli hamburger.

6. Mettere gli hamburger nella friggitrice ad aria e cuocere per quasi 30 minuti a 180 gradi C.

7. Servire con maionese vegana e guarnizione di insalata.

6. Joojeh Kababs persiano con la friggitrice ad aria

Tempo di cottura: 20 min, Tempo di preparazione: 15 min, Difficoltà: Facile, Porzioni: 3

Ingredienti

- 1 cucchiaio di olio
- 1/4 di tazza di cipolla (tritata)
- 1/2 cucchiaino di pepe nero macinato circa 2g
- 1 cucchiaino di sale kosher 3g
- 1 cucchiaino di curcuma 3g
- 1/2 cucchiaino di paprika affumicata 1g
- 225g di petti di pollo
- 60 ml di yogurt greco
- 2 cucchiai di acqua allo zafferano

Istruzioni

Joojeh Kabobs

1. Mettere il pollo in una grande ciotola.

2. Mettete lo yogurt greco, la paprika, la cipolla, il sale, l'olio e il pepe nero in un piccolo contenitore del frullatore e lavorate fino ad ottenere un composto liscio.

3. Versare questa miscela sul pollo.

4. Aggiungere l'acqua di zafferano e la curcuma e mescolare fino a quando il pollo è ben coperto con la marinatura.

5. Lasciare il pollo a marinare per quasi 30 minuti o metterlo in frigorifero fino a 24 ore.

6. Togliere il pollo dalla marinatura e metterlo nel cestello della friggitrice ad aria.

7. Impostare la friggitrice a 190 gradi C per quasi 15 minuti, girandolo a metà cottura.

8. Prova con un termometro per assicurarti che il pollo cotto abbia raggiunto una temperatura interna di 80 gradi C poi servi.

9. Questi kabab sono serviti con riso bianco semplice con burro e un filo d'acqua allo zafferano.

7. Fette di avocado avvolte nel bacon

Tempo di cottura: 15 min, Tempo di preparazione: 15 min,
Difficoltà: Medio, Porzione: 12

Ingredienti

- 12 strisce di pancetta
- 1/2 tazza di maionese 75g
- 2 o 3 cucchiai di salsa di peperoncino Sriracha
- 1 o 2 cucchiai di succo di lime
- 1 cucchiaino di scorza di lime grattugiata
- 2 avocado medi maturi

Istruzioni

1. Preriscaldare la friggitrice a 200 gradi C. Tagliare ogni avocado a metà; rimuovere il nocciolo e la buccia. Tagliare ogni metà in spicchi.

2. Avvolgere 1 fetta di pancetta intorno ad ogni spicchio di avocado. Se necessario, lavorare più riprese poi mettere gli spicchi in un cestello della friggitrice in un unico strato e cuocere per quasi 15 minuti fino a quando la pancetta è cotta.

3. Contemporaneamente prendete una piccola ciotola e mescolate insieme la maionese, il succo di lime, la salsa sriracha e la scorza.

4. Servire gli spicchi con la salsa al peperoncino.

8. Ravioli con la friggitrice ad aria

Tempo di cottura: 10 min, Tempo di preparazione: 20 min, Difficoltà: Facile, Porzioni: 12

Ingredienti

- 50g di formaggio parmigiano tagliuzzato
- 2 cucchiaini di basilico secco
- 60g di farina universale
- 2 uova grandi, leggermente sbattute
- Spray da cucina
- Basilico fresco tritato, facoltativo
- 1 pacchetto (250g) di ravioli di manzo congelati
- 1 tazza di salsa marinara, riscaldata
- 125g di pangrattato stagionato

Istruzioni

1. Preriscaldare la friggitrice a 180 gradi C. Prendete una ciotola poco profonda per unire il parmigiano, il basilico e la mollica di pane.

2. Mettere le uova e la farina in ciotole separate e poco profonde. Immergere i ravioli nella farina rivestendo entrambi i lati; scuotere il composto in eccesso. Poi immergere nelle uova ed infine in una miscela di briciole schiacciando bene per far aderire correttamente.

3. Mettere i ravioli su un vassoio unto in un solo strato nel cestello della friggitrice ad aria (a gruppi); spruzzare con spray da cucina. Cuocere fino a doratura per circa 4 minuti. Poi spruzzare con spray da cucina. Cuocere fino a doratura per altri 4 minuti circa. A seconda dei gusti, cospargere con altro parmigiano e basilico.

4. Servire caldo con salsa marinara.

9. Sogliola con crosta all'aria

Tempo di cottura: 10 min, Tempo di preparazione: 10 min,
Difficoltà: Facile, Porzioni: 4

Ingredienti

- 3 cucchiai di parmigiano grattugiato 30g, divisi
- 2 cucchiaini di semi di senape
- 4 filetti di sogliola (160g ciascuno)
- 125g di pangrattato morbido
- 1 cipolla verde, tritata finemente
- Un pizzico di pepe
- 1/2 cucchiaino di senape macinata
- 2 cucchiai di burro fuso 40g
- 3 cucchiai di maionese a basso contenuto di grassi 30g
- Spray da cucina

Istruzioni

1. Preriscaldare la friggitrice a 190C. Unire la maionese, i semi di senape, 2 cucchiai di formaggio 20g e il pepe; spalmare sulle cime dei filetti.

2. Mettere il pesce su un vassoio unto in un solo strato nel cestello della friggitrice ad aria. Cuocere per circa 5 minuti fino a quando il pesce si sfalda facilmente con una forchetta.

3. Contemporaneamente, prendere una piccola ciotola, unire pangrattato, senape macinata, cipolla e 1 cucchiaio di formaggio rimanente (10g); mescolare il burro. Mettere il composto sopra i filetti, picchiettando lentamente per farlo aderire, spruzzare con spray da cucina. Cuocere per quasi 3 minuti fino a quando diventa marrone dorato. Se lo si desidera, cospargere di cipolle verdi.

10. Grissini greci con la friggitrice ad aria

Tempo di cottura: 15 min, Tempo di preparazione: 20 min, Difficoltà: Medio, Porzione: 16

Ingredienti

- 2 cucchiai di olive greche snocciolate
- 1 confezione di pasta sfoglia congelata, scongelata
- 1 cartone di formaggio spalmabile di spinaci e carciofi
- 2 cucchiai di parmigiano grattugiato 20g
- 1 uovo grande
- 1 cucchiaino di acqua
- 2 cucchiaini di semi di sesamo
- 30g di cuori di carciofo tagliati a spicchi e marinati
- Salsa tzatziki, facoltativo

Istruzioni

1. Preriscaldare la friggitrice a 160 gradi C. Mettete le olive e i carciofi in un robot da cucina; frullate fino a quando non vengono tritati finemente. Su una spianatoia infarinata, stendete una sfoglia di pasta; mettete metà del formaggio su metà della pasta. Mettete metà del composto di carciofi sopra. Cospargere l'altra metà con il parmigiano. Piegare la metà semplice sul ripieno; premere dolcemente per sigillare.

2. Ripetere l'operazione con la pasta rimanente-
   Tagliare ogni rettangolo in 16 strisce larghe 6/8 cm.
   Unire il composto di carciofi, la crema di formaggio
   e il parmigiano. Mescolare l'acqua e l'uovo;
   spennellare sopra le cime. Cospargere con i semi di
   sesamo. Torcere più volte.

3. Disporre i grissini su un vassoio unto in un cestello
   della friggitrice ad aria in un unico strato. Cuocere
   per quasi 15 minuti fino a quando non diventano
   dorati e croccanti. Se necessario servire caldo con
   salsa tzatziki.

Capitolo 2: Colazione e Dolci

1. Le barchette di avocado con la friggitrice ad aria

Tempo di cottura: 5 min, Tempo di preparazione: 10 min, Difficoltà: Facile, Porzioni: 4

Ingredienti

- 2 pomodori perini con semi e tagliati a dadini
- 2 cucchiai di coriandolo fresco tritato 6g
- 1 cucchiaio di peperone jalapeno tagliato finemente (facoltativo)
- 1 cucchiaio di succo di lime
- 4 uova
- 1/2 cucchiaino di sale
- 15g di cipolla rossa a dadini
- Un pizzico di pepe nero
- 2 avocado, dimezzati e snocciolati

Istruzioni

1. Estrarre la polpa dell'avocado dalla buccia con un cucchiaio, mantenendo il guscio intatto. Prendete una ciotola media e tagliate l'avocado a dadini. Mescolare con pomodoro, peperone jalapeno, cipolla, coriandolo, sale, succo di lime e pepe. Coprire e raffreddare il composto di avocado fino al momento dell'uso.

2. Preriscaldare la friggitrice a 180 gradi C.

3. Metteteli su un anello di foglio di alluminio per assicurare che i gusci di avocado non oscillino durante la cottura. Arrotolare due strisce larghe 6 cm di foglio di alluminio a forma di corda e formare ciascuna un cerchio di 6 cm. In un cestello della friggitrice, metti ogni guscio di avocado su un anello di alluminio. Rompere 1 uovo in ogni guscio di avocado e cuocere per circa 7 minuti o fino a cottura ultimata.

4. Togliere dal cestello; aggiungere la salsa con l'avocado e servire.

2. Tasche veloci per la colazione con la friggitrice ad aria

Tempo di cottura: 10 min, Tempo di preparazione: 10 min, Difficoltà: Facile, Dose: 2

Ingredienti

- Una scatola di pasta sfoglia
- 5 uova
- tazza di pancetta
- 75 tazza di formaggio cheddar
- 75g tazza di salsiccia sbriciolata

Istruzioni

1. Cuocere le uova come normali uova strapazzate. Durante la cottura, aggiungere la pancetta al composto di uova, se desiderate.

2. Mettere i fogli di pasta sfoglia su un tagliere e ritagliare i pezzi con un coltello o un taglia biscotti, assicurandosi che siano tutti uguali.

3. Mettere la combinazione di carne, uova e formaggio su metà della pasta.

4. Coprire il composto con una fetta di pasta e premere i lati con una forchetta per sigillare.

5. Per una pasta lucida e liscia si può spruzzare con olio spray ma è facoltativo.

6. Nel cestello della friggitrice ad aria, mettere le tasche della colazione e cuocere a 180 gradi C per quasi 10 minuti.

7. Controllare attentamente la cottura ogni 3 minuti fino ad avere il risultato desiderato.

3. Patate da colazione con la friggitrice ad aria

Tempo di cottura: 25 min, Tempo di preparazione: 15 min, Difficoltà: Medio, Dose: 2

Ingredienti

- 1/2 cucchiaino di paprika 1g
- 1/4 di cipolla
- 1 peperone verde
- 2 spicchi d'aglio
- 1 cucchiaio di olio d'oliva
- 1/4 di cucchiaino di pepe 1g
- Un pizzico di sale
- 700g di patate

Istruzioni

1. Pulire le patate e il peperone.
2. Tagliare le patate a dadini e metterle in acqua per quasi 30 minuti. Dopo 30 minuti asciugare.
3. Tritare il peperone, la cipolla e le patate. Tritare l'aglio.
4. Prendete una grande ciotola e mescolateci gli ingredienti. Mettete nella friggitrice.
5. Cuocere nella friggitrice ad aria a 200 gradi C per quasi 10 minuti. Scuotere e cuocere per altri 10

minuti. Scuotere di nuovo e cuocere per altri 5 minuti. Il tempo di cottura totale sarà di quasi 25 minuti.

6. Servire.

4. Involtini d'uovo da colazione con la friggitrice ad aria

Tempo di cottura: 10 min, Tempo di preparazione: 15 min, Difficoltà: Facile, Porzioni: 3

Ingredienti

- 2 cucchiai di latte 20 ml
- Sale
- Pepe
- 50g di formaggio cheddar
- 2 polpette di salsiccia
- 6 involtini di uova
- 2 uova
- 1 cucchiaio di olio d'oliva
- acqua

Istruzioni

1. Cuocere la salsiccia in una piccola padella. Toglierla e tagliarla a pezzetti.

2. Mescolare latte, uova, un pizzico di sale e pepe. A fuoco medio/basso, aggiungere 1 cucchiaio d'olio o un pezzetto di burro sulla piastra. Versare la miscela di uova e cuocere per qualche minuto

mescolando spesso per produrre uova strapazzate. Mescolare la salsiccia.

3. Con le punte delle dita mettere l'involtino su una superficie di lavoro. Mettere circa 1 cucchiaio di formaggio 10g. Ricoprire con un pò di composto dell'uovo.

4. Bagnare un pennello da pasticceria e spennellare ogni bordo dell'involtino. Lo sigillerà.

5. Piegare l'involtino d'uovo verso l'alto e sopra il ripieno, cercando di tenerlo il più vicino possibile. Poi, piegare i lati insieme per dare una forma che sembri una busta. Infine, legare l'intero involucro intorno alla parte superiore. Posizionare il lato della cucitura verso il basso e iniziare ad assemblare i rotoli rimanenti.

6. Preriscaldare la friggitrice a 200 gradi C per quasi 5 minuti.

7. Spennellare i rotoli con spray o oliarli. Mettere in un cestino preriscaldato. Impostare a 200 gradi C per quasi 8 minuti.

8. Dopo 5 minuti, girate gli involtini. Riportare gli involtini nella friggitrice ad aria per 3 minuti.

9. Servire e gustare.

5. "Uovo in un Buco" (egg in a hole) con la Friggitrice ad aria

Tempo di cottura: 10 min, Tempo di preparazione: 5 min, Difficoltà: Facile, Porzioni: 1

Ingredienti

- 1 uovo
- sale e pepe
- 1 pezzo di pane tostato

Istruzioni

1. Spruzzare la padella (antiaderente)della friggitrice ad aria con uno spray da cucina.

2. Mettete un pezzo di pane nella padella della friggitrice ad aria.

3. Fare un buco con un taglia biscotti e togliere il pane.

4. Rompere l'uovo nel buco del pane.

5. Friggere all'aria a 160 gradi C per quasi 6 minuti, poi girare l'uovo con una spatola e friggere all'aria per altri 4 minuti.

6. Pasticcio per la colazione con salsiccia nella friggitrice ad aria

Tempo di cottura: 20 min, Tempo di preparazione: 6 min, Difficoltà: Medio, Porzione: 10

Ingredienti

- 450g di salsiccia da colazione macinata
- 1 peperone rosso tagliato a dadini
- 1 peperone giallo tagliato a dadini
- 1/4 di tazza di cipolla dolce tagliata a dadini
- 450g di frittelle di patate
- 4 uova
- 1 peperone verde tagliato a dadini

Istruzioni

1. Foderare di carta stagnola il cestello della friggitrice ad aria.
2. Mettere le frittelle di patate sul fondo.
3. Ricopritelo con la salsiccia non cotta.
4. Mettere uniformemente sopra i peperoni e le cipolle.
5. Cuocere a 185 gradi C per quasi 10 minuti.

---

6. Aprire la friggitrice ad aria e mescolare il pasticcio se lo si desidera.

7. Rompere ogni uovo in una ciotola, poi versarlo sopra il pasticcio.

8. Cuocere a 185 gradi C per altri 10 minuti.

9. Servire con pepe e sale a piacere.

7. Frittelle di mele con la friggitrice ad aria

Tempo di cottura: 8 min, Tempo di preparazione: 10 min, Difficoltà: Facile, Porzioni: 15

Ingredienti

- Spray da cucina
- 180g di farina per tutti gli usi
- 30g di zucchero
- 2 cucchiai di lievito in polvere 8g
- 1-1/2 cucchiaino di cannella macinata 5g
- Un pizzico di sale
- 160 ml di latte al 2%
- 2 uova grandi a temperatura ambiente
- 1 cucchiaio di succo di limone
- 1-1/2 cucchiaino di estratto di vaniglia, diviso
- 2 mele Honeycrisp medie, sbucciate e tritate
- 75 g di burro
- 120g di zucchero a velo
- 1 cucchiaio di latticello al 2% 15 ml

Istruzioni

1. Foderare il cestello della friggitrice ad aria con carta forno; spruzzarlo con spray da cucina. Preriscaldare la friggitrice ad aria fino a 200C

2. In una grande ciotola, unire lo zucchero, la farina, la cannella, il lievito e il sale. Aggiungere il latte, il succo di limone, le uova e 1 cucchiaino di estratto di vaniglia; mescolare fino ad amalgamare il tutto. Poi aggiungete le mele.

3. Lasciar cadere un po' d'impasto di circa 60 ml a 5 cm di distanza l'uno dall'altro e metterlo nel cestello della friggitrice ad aria (in più riprese). Spruzzare con lo spray da cucina. Cuocere fino a doratura per quasi 6 minuti. Continuare a cuocere fino a doratura per quasi 2 minuti.

4. Prendere una casseruola di piccole dimensioni e scogliervi il burro a fuoco medio-alto. Cuocere fino a quando il burro comincia a diventare marrone e spumoso per quasi 5 minuti. Togliere dal fuoco; raffreddare lentamente. Aggiungete al burro 1 cucchiaio di latticello, lo zucchero a velo e il restante 1/2 cucchiaino di estratto di vaniglia; mescolate fino ad ottenere un composto omogeneo.

5. Versare questo sopra le frittelle e poi servire.

48

8. Mele al forno con la friggitrice ad aria

Tempo di cottura: 15 min, Tempo di preparazione: 5 min,
Difficoltà: Facile, Dose: 2

Ingredienti

- Un pizzico di cannella
- 1 cucchiaio di burro fuso 10 g
- 2 mele

Ingredienti per la guarnizione

- 1 cucchiaio di sciroppo d'acero 15 ml
- 1 cucchiaio di burro (fuso)10g
- 50 g di avena
- 1 cucchiaio di farina integrale o farina di grano duro 20g
- Un pizzico di cannella

Istruzioni

1. Preriscalda la friggitrice ad aria fino a 180 C facendo funzionare la friggitrice ad aria per 5 minuti a quella temperatura o usando l'impostazione di preriscaldamento.

2. Tagliare le mele e usare un coltello per rimuovere il gambo, il torsolo e i semi. Spennellare il burro sui lati tagliati delle mele in modo uniforme, poi cospargere un pizzico di cannella.

3. In una piccola tazza, mescolare gli ingredienti per il topping, poi spargerli uniformemente sopra le metà delle mele.

4. Mettete le mele a metà nel cestello della friggitrice ad aria con attenzione, poi cuocete per quasi 15 minuti o fino a quando si ammorbidiscono.

5. Servire caldo con panna o gelato secondo i gusti.

9. Torta di carote con la friggitrice ad aria

Tempo di cottura: 35 min, Tempo di preparazione: 15 min, Difficoltà: Medio, Porzioni: 6

Ingredienti

- 1 uovo grande, leggermente sbattuto
- 120 ml di latticello
- 2 cucchiai di zucchero di canna scuro 30g
- 35g di mirtilli rossi secchi
- 75g di zucchero
- 1 cucchiaino di scorza d'arancia (grattugiata)
- 40g di farina
- 1 cucchiaino di estratto di vaniglia 7g
- 1 cucchiaino di lievito in polvere 4g
- Un pizzico di bicarbonato di sodio
- 40g di farina bianca integrale
- Un pizzico di sale
- 2 cucchiai di spezie per la torta di zucca 40g
- 150g di carote tagliuzzate
- 50g di noci tritate

Istruzioni

1. Preriscaldare la friggitrice a 180 gradi C. Infarinare e ungere una teglia rotonda. Prendete una grande ciotola e mescolate il latticello, l'uovo, 75g di zucchero, lo zucchero di canna, la scorza d'arancia, l'olio e la vaniglia. Prendete un'altra ciotola, mescolate le farine, 1 cucchiaio di spezie per la torta di zucca, il bicarbonato di sodio, il lievito in polvere e il sale. Mescolare lentamente nella miscela di uova. Aggiungere i mirtilli secchi e le carote. Versare nella teglia preparata.

2. Prendete una piccola ciotola, unire il resto dei 2 cucchiai di zucchero, le noci e il resto del 1 cucchiaio di spezie di zucca. Versare uniformemente sulla pastella. Rimettere delicatamente la padella nel cestello della friggitrice ad aria.

3. Cuocere per quasi 40 minuti fino a quando uno stuzzicadenti inserito al centro ne esce pulito. Se la parte superiore diventa scura, coprire strettamente con un foglio di alluminio. Raffreddare il tutto in una teglia per quasi 10 minuti prima di toglierlo dalla teglia.

4. Servire caldo.

10. Torte di frutta a mano

Tempo di cottura: 35 min, Tempo di preparazione: 25 min,
Difficoltà: Medio, Dose: 2

Ingredienti

- 1/2 cucchiaino (0,5 cucchiaini) di sale kosher

- 1,5 tazze (187,5 g) di farina di scopo

- 1/4 di tazza (56,75 g) di burro

- 1/4 di tazza (51,25 g) di dado

- 1/4-1/3 di tazza (62,5 g) di acqua fredda

- 1 cucchiaio di acqua

- 1 grande Uovo

- 1 cucchiaino di zucchero grosso

Istruzioni

1. Preriscaldare la friggitrice a 160 C.

2. Tracciare una teglia circolare da 12 cm su un foglio di carta. Ritagliare il cerchio (questo sarà il modello di frolla della torta da ritagliare); mettere da parte.

3. Poi mescolare la farina e il sale in una ciotola media. Tagliare il dado e il burro fino ad ottenere dei pezzi della grandezza di un pisello, utilizzando un tagliapasta. Mescolare con l'aiuto di una forchetta la metà della miscela di farina

---

54

con 1 cucchiaio di acqua fredda. Trasferire la pasta inumidita su un piano. Ripetere con la farina rimanente fino a quando è umida, usando 1 cucchiaio di acqua alla volta. Raccogliere il composto di farina e mescolare lentamente per tutto il tempo necessario a formare una palla.

4. Appiattire leggermente la pasta su una spianatoia infarinata, poi fare un cerchio di 26 cm dal centro all'estremità. Vicino a un lato, mettere il disegno sulla pasta. Ritagliare un cerchio di pasta di 12 cm con un coltello sottile e affilato. Fare due anelli e poi ripetere. Scartare i pezzi di pasta.

5. Su metà del cerchio di pasta, mettere metà del ripieno di frutta richiesto, lasciando un bordo di ½ cm. Con l'aiuto di uno spray, pulire il bordo scoperto. Ricoprire il ripieno con la metà vuota della pasta. Per chiuderla, premere lungo il lato della pasta con una forchetta. Punzecchiare la parte superiore della forchetta in alcuni punti. Ripetere per il ripieno e la pasta rimasta.

6. Mescolare l'uovo e l'acqua insieme in una piccola tazza. Spennellare e spolverare con lo zucchero grosso il top delle torte.

7. Mettere i tortini e cuocere per 35 minuti nel cestello della friggitrice ad aria finché i tortini sono dorati.

8. Raffreddare le torte per 20 minuti su una griglia prima di mangiare o raffreddare assolutamente a temperatura ambiente e servire.

11. Coppe di pane tostato francese con lamponi

Tempo di cottura: 20 min, Tempo di preparazione: 20 min, Difficoltà: Medio, Dose: 2

Ingredienti

- 300g di lamponi freschi
- 2 fette di pane italiano
- 2 uova grandi
- 120 ml di latte intero
- 2 cucchiai di amido di mais 45g
- 120g di formaggio cremoso
- 1 cucchiaio di sciroppo d'acero 15 ml
- 1 cucchiaio di succo di limone 15 ml
- 80 ml di acqua
- 75g di lamponi freschi
- 1/2 cucchiaino di scorza di limone (grattugiata)
- cannella macinata
- 1 cucchiaio di sciroppo d'acero 15 ml

Istruzioni

1. Dividere con cura la metà dei cubetti di pane tra 2 tazze da crema unte da 230g. Cospargere con crema di formaggio e lamponi. Ricoprite con il pane rimanente. Prendere una piccola ciotola e mescolare il latticello, le uova e lo sciroppo; versarlo sul pane. Coprire e raffreddare per almeno 1 ora in frigorifero.

2. Preriscaldare la friggitrice ad aria fino a 160 gradi C. Posizionare le tazze di crema sul vassoio all'interno del cestello della friggitrice ad aria. Cuocere fino a che non si gonfiano e si dorano per quasi 15 minuti.

3. Allo stesso tempo, prendere una piccola casseruola, unire l'acqua e l'amido di mais fino a quando non diventa liscia. Aggiungere 375g di lamponi, lo sciroppo, il succo di limone e la scorza di limone. Portare a ebollizione; ridurre il calore. Mescolare e cuocere fino a quando non si sarà addensato per 2 min. Filtrare scartare e i semi; raffreddare moderatamente.

4. Mescolare delicatamente la rimanente mezza tazza di bacche nello sciroppo. A seconda dei gusti, cospargere le tazze di french toast con la cannella

5. servire con lo sciroppo.

Capitolo 3: Pollo, Carni Rosse e Maiale

1. Teneri "hot dog" di Pollo con la friggitrice ad aria (con panini per hot dog senza soia fatti in casa!)

Tempo di cottura: 15 min, Tempo di preparazione: 15 min, Difficoltà: Facile, Porzioni: 1

Ingredienti

- 1 tazza di latticello
- 180g di pangrattato senza glutine
- 1 cucchiaino di sale di sedano
- ½ cucchiaino di aglio in polvere 1g
- ½ cucchiaino di cipolla in polvere 1g
- Un pizzico di Caienna
- ½ cucchiaino di pepe nero schiacciato 1g
- 3 cucchiai di miele 60g
- 2 cucchiai di senape gialla
- 2 cucchiai di senape Stone ground

- 500g di filetti di pollo

- ¼ di tazza di cipolla rossa a dadini

- 8 Panini per hot dog senza glutine fatti in casa

Istruzioni

1. Immergere i bocconcini di pollo nel latticello per quasi 15 minuti.

2. Prendete una ciotola, unite il pangrattato, l'aglio in polvere, il sale di sedano, la cayenna, la polvere di cipolla e il pepe nero. Frullare bene.

3. Prendete un bocconcino di pollo, togliete il latticello in più e immergetelo nel pangrattato. Tenetelo da parte su un altro piatto.

4. Ripetere con il resto del pollo.

5. Mettere alcuni pezzi, in un solo strato, nel cestello della friggitrice ad aria leggermente unto.

6. Friggere all'aria a 180 gradi C per quasi 15 minuti, girando a metà cottura.

7. Ripetere con tutti i bocconcini di pollo preparati.

8. Mentre cuociono prendete una piccola ciotola, unite la senape gialla, il miele e sbattete bene.

9. Per servire: Tagliare i panini per hot dog caldi nel senso della lunghezza.

10. Mettete il pollo fritto all'aria e coprite con la senape al miele pronta e la cipolla rossa tagliata a dadini.

11. Servire immediatamente.

2. Gallina della Cornovaglia con la friggitrice ad aria

Tempo di cottura: 25 min, Tempo di preparazione: 5 min, Difficoltà: Medio, Dose: 2

Ingredienti

- Sale
- Pepe nero
- Paprika
- 1 gallina della Cornovaglia
- Spray al cocco o all'olio d'oliva

Istruzioni

1. Strofinare le spezie sulla gallina della Cornovaglia. Spruzzare il cestello della friggitrice ad aria con olio d'oliva o di cocco.

2. Mettere la gallina della Cornovaglia nella friggitrice ad aria a 200C per quasi 25 minuti. Girare a metà cottura.

3. Toglietela con cura e servite.

3. Bocconcini di pollo al formaggio con la friggitrice ad aria

Tempo di cottura: 30 min, Tempo di preparazione: 15 min, Difficoltà: Medio, Porzioni: 3

Ingredienti

- Un pizzico di paprika
- Olio d'oliva come spray da cucina
- 1/2 cucchiaino di cipolla in polvere 1g
- 1 kg di bocconcini di pollo senza osso (scongelati)
- 500 ml di latte al 2%
- 2 tazze di cracker al formaggio

Istruzioni

1. Prendete una ciotola, immergete i bocconcini di pollo e copriteli con il latte per quasi un'ora. Possono essere messi a bagno tutto il giorno o per tutta la notte.

2. Prendete un tritatutto e polverizzateci i cracker.

3. Mettete i cracker al formaggio schiacciati in un sacchetto richiudibile di grandi dimensioni.

4. Aggiungere i cracker con i condimenti e scuotere per mescolare.

5. Scolare i bocconcini di pollo.

6. Mettere circa 2 o 3 manciate di pollo con la miscela di cracker nel sacchetto e scuoterle per coprirle.

7. Mettetele poi nel cestello della friggitrice ad aria.

8. Spruzzare ciascuno di essi con lo spray da cucina.

9. Impostare la temperatura a 200 gradi C.

10. Impostare il timer per quasi 12 minuti e poi cuocere.

11. Dopo i primi 12 minuti, controllale, girale e spruzza l'altro lato con lo spray da cucina.

12. Continuare a cuocere per altri 15 minuti e controllare ogni 3 minuti.

13. Controllare la temperatura interna, che dovrebbe essere di 80C.

14. Servire con la propria salsa preferita e godere.

4. Pollo da rosticceria con la friggitrice ad aria

Tempo di cottura: 40 min, Tempo di preparazione: 2 min,
Difficoltà: Medio, Porzioni: 4

Ingredienti

- Asciugamano da cucina
- Sacchetto per congelatore medio
- Pollo intero
- 1 cucchiaio di paprika 7g
- 2 cucchiaini di timo 3g
- Pinze da cucina
- 1 pollo a cubetti
- Sale e pepe
- 1 cucchiaio di olio d'oliva
- 1 cucchiaio di paprika 7g
- 1 cucchiaino di sale di sedano 7g
- Ciotola grande
- Sale e pepe

Istruzioni

1. Prendete un sacchetto da congelatore e metteteci tutti gli ingredienti della salamoia. Aggiungere il pollo intero poi, una volta che è completamente rivestito, versare dell'acqua fredda. Richiudetelo con la zip e poi fatelo raffreddare durante la notte.

2. Prendere il pollo dal sacchetto, togliere il brodo di salamoia, togliere le rigaglie e far asciugare tutto il pollo con un panno da cucina.

3. Prendete una piccola ciotola e metteteci il pollo.

4. Nella friggitrice ad aria, mettete il pollo intero e strofinate con l'olio d'oliva tutta la carne visibile.

5. Continua a cuocere il pollo per quasi 20 minuti a 180C.

6. Dopo 20 minuti girare con le pinze poi frizionare l'altro lato del pollo con l'olio rimanente.

7. Ora, cuocere alla temperatura di cui sopra per altri 20 minuti.

8. Servire caldo.

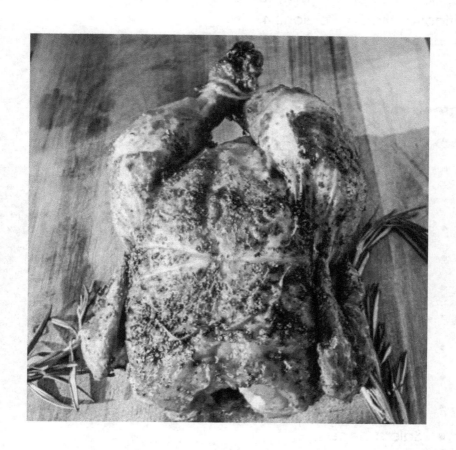

5. Polpette di tacchino con la friggitrice ad aria

Tempo di cottura: 16 min, Tempo di preparazione: 15 min, Difficoltà: Medio, Porzioni: 4

Ingredienti

- 150 g di verdure cotte
- 1 cucchiaio di yogurt greco
- 30 g di formaggio morbido
- 30 g di avanzi di tacchino
- 75g di couscous
- 30 ml di brodo di tacchino
- 20 g di cocco essiccato
- 1 cucchiaio di cumino 7g
- 1 cucchiaio di spezie marocchine 7g
- 1 cucchiaio di coriandolo 3g
- Sale e pepe

Istruzioni

1. Se non avete nulla di già preparato, cuocete il couscous. Vedere le note della ricetta.

2. Mescolare la carne di tacchino, il formaggio morbido, lo yogurt greco, il brodo di tacchino e il condimento. Mettere le verdure cotte nel frullatore. Frullare per qualche minuto in modo che il composto assomigli ad un paté denso.

3. Prendete una ciotola, togliete i componenti del frullatore, mescolate il couscous e mescolate bene.

4. Con il composto formate delle piccole palline e fatele rotolare nel cocco essiccato.

5. Mettere nella friggitrice ad aria per 16 minuti a 180C e poi servire.

6. Bistecca perfetta con la friggitrice ad aria

Tempo di cottura: 12 min, Tempo di preparazione: 20 min,
Difficoltà: Medio, Dose: 2

Ingredienti

- Sale
- Olio d'oliva
- Pepe nero appena macinato
- 1 panetto di burro non salato ammorbidito
- 2 cucchiai di prezzemolo fresco
- 2 bistecche da 230g
- 1 cucchiaino di salsa Worcestershire 5ml
- 1 cucchiaino di salsa Worcestershire 5ml
- 2 cucchiaini di aglio tritato 6g
- Burro all'aglio
- Un pizzico di sale

Istruzioni

1. Preparare il burro all'aglio sbattendo il burro, la salsa Worcestershire, il prezzemolo, l'aglio e il sale fino a mescolarli bene.

2. Mettere in un pezzo di carta forno e arrotolare il composto in un tronco. Raffreddare in frigorifero fino al momento dell'uso.

---

3. Togliere la bistecca dal frigorifero e metterla a temperatura ambiente per circa 20 minuti. Strofinare tutti i lati della bistecca con un po' di olio d'oliva e condire con pepe nero appena macinato e sale.

4. Ungere il cestello della friggitrice ad aria spruzzando un po' d'olio sul cestello. Preriscaldare la friggitrice ad aria a 200 gradi C. Una volta preriscaldato, metti le bistecche nella friggitrice ad aria e cuoci per circa 12 minuti, girandole a metà cottura.

5. Togliere dalla friggitrice e lasciare riposare per quasi 5 minuti.

6. Ricoprire con burro all'aglio e servire.

7. Hot dog con la friggitrice ad aria

Tempo di cottura: 5 min, Tempo di preparazione: 1 min,
Difficoltà: Facile, Porzioni: 4

Ingredienti

- 4 panini per hotdog
- 4 hotdog
- Ketchup
- Senape

Istruzioni

1. Per evitare che gli hot dog si gonfino, assicurarsi che
   vengano fatti alcuni piccoli tagli (o pungere gli hot
   dog) prima della cottura. Mettete gli hot dog nella
   vostra friggitrice ad aria.

2. Cuocere a 190C per quasi 6 minuti.

3. Togliere gli hot dog. Mettete ora i panini nella
   friggitrice e cuoceteli per altri 2 minuti circa per
   ottenere dei panini croccanti e tostati.

4. Servire e gustare.

8. Polpette con la friggitrice ad aria

Tempo di cottura: 20 min, Tempo di preparazione: 5 min, Difficoltà: Facile, Porzioni: 4

Ingredienti

- Un pizzico di sale
- 1/2 tazza di pangrattato secco
- 60 g di parmigiano grattugiato
- 450g di manzo macinato
- 60 ml di latticello
- Un pizzico di pepe
- 2 spicchi d'aglio tritati
- Un pizzico di condimento italiano

Istruzioni

1. In un piatto mescolare tutti gli ingredienti menzionati poi formare delle polpette di 2/3 cm.

2. Mettere le polpette nel cestello della friggitrice ad aria in un solo strato, senza che si tocchino.

3. Friggere le polpette all'aria a 190C per quasi 15 minuti.

4. Togliere e servire.

9. Polpette di taco | Polpette di taco Keto con friggitrice ad aria

Tempo di cottura: 15 min, Tempo di preparazione: 10 min, Difficoltà: Facile, Porzioni: 4

Ingredienti

- 1 cucchiaio di aglio tritato
- 1/4 di tazza (40 g) di cipolle, tritate
- 1 libbra (453,59 g) di manzo macinato magro
- 1/4 di tazza (4 g) di coriandolo, tritato
- 2 cucchiai di condimento per taco
- 1/2 tazza (118,29 g) di formaggio messicano tagliuzzato
- 1 uovo
- Sale Kosher
- Pepe nero macinato
  Per la salsa di immersione
- 1/2 tazza (130 g) di salsa
- 1-2 (1) Salsa piccante Cholula
- 1/4 di tazza (57,5 g) di panna acida

Istruzioni

1. Mettere tutti gli ingredienti di cui sopra nella ciotola di un mixer. Usando l'accessorio della paletta mescolare e frullare insieme circa 2-3 minuti fino a formare una pasta appiccicosa.

2. Formare 12 polpette con il composto. Mettere le polpette nel cestello della friggitrice ad aria. Impostare la friggitrice a 200 gradi C per quasi 10 minuti.

3. Contemporaneamente, preparate la salsa: In una piccola ciotola, sbattete insieme la salsa, la panna acida e la salsa piccante.

4. Servire con le polpette.

10. Polpette di maiale al miele e senape da friggere all'aria

Tempo di cottura: 10 min, Tempo di preparazione: 5 min, Difficoltà: Facile, Dose: 2

Ingredienti

- 1 cucchiaino di purea d'aglio 7g
- 1 cucchiaino di senape 7g
- 2 cucchiai di miele 40g
- Farina d'avena senza glutine
- 500 g di carne di maiale sbucciata
- 1 cucchiaino di condimento per maiale
- Sale e pepe
- 1 cipolla rossa piccola

Istruzioni

1. sbucciare la cipolla rossa e tagliarla a fettine sottili.

2. Mescolare bene tutti gli ingredienti in una ciotola in modo che il macinato di maiale sia ben condito.

3. Fare le polpette usando una pressa per polpette. Se necessario, aggiungere un po' di farina d'avena per mescolarle.

4. Mettere le polpette di maiale nella friggitrice ad aria e cuocere per quasi 10 minuti a 180 C.

5. Servire ancora caldo.

11. Costolette di maiale e broccoli con la friggitrice ad aria

Tempo di cottura: 10 min, Tempo di preparazione: 5 min, Difficoltà: Facile, Dose: 2

Ingredienti

- Un pizzico di paprika
- 2 cucchiai di olio di avocado
- Un pizzico di cipolla in polvere
- 2 costolette di maiale con osso da 150g
- Un pizzico di polvere d'aglio
- 1 cucchiaino di sale
- 2 tazze di cimette di broccoli 300g
- 2 spicchi d'aglio

Istruzioni

1. Preriscaldare la friggitrice ad aria secondo le istruzioni a 180 gradi C. Spruzzare il cestello con spray antiaderente.

2. Versare 1 cucchiaio d'olio su ogni lato delle costolette di maiale.

3. Condire le braciole di maiale su ogni lato con paprika, polvere d'aglio, polvere di cipolla e un pizzico di sale.

4. Mettere le braciole di maiale nel cestello della friggitrice ad aria e cuocere per quasi 5 minuti.

5. Mentre le braciole di maiale si cuociono, in una ciotola mescolare i broccoli, ancora un pizzico di sale, l'aglio e il resto del cucchiaio di olio.

6. Aprire la friggitrice e girare delicatamente le costolette di maiale.

7. Aggiungere i broccoli e rimetterli nel cestello della friggitrice ad aria.

8. Cuocere per quasi altri 5 minuti, mescolando i broccoli a metà cottura.

9. Togliere il cibo dalla friggitrice con attenzione e servire.

12. Pizze di muffin inglesi con la friggitrice ad aria

Tempo di cottura: 5 min, Tempo di preparazione: 5 min, Difficoltà: Facile, Porzioni: 4

Ingredienti

- 4 muffin inglesi
- Condimenti a scelta
- Salsa per pizza a scelta
- Mozzarella tagliuzzata

Istruzioni

1. Impostare la friggitrice ad aria a 200 gradi C.
2. Una volta preriscaldato, mettere le metà degli Muffin inglesi nella friggitrice per quasi un minuto
3. Togliere dalla friggitrice.
4. Aggiungere la salsa, il formaggio e le guarnizioni.
5. Cuocere per altri 5 minuti dopo aver rimesso nella friggitrice ad aria.

13. Pancia di maiale croccante

Tempo di cottura: 30 min, Tempo di preparazione: 10 min, Difficoltà: Medio, Porzione: 4

Ingredienti

- 700 ml di acqua
- 1 cucchiaino di sale kosher 5g
- 1 cucchiaino di pepe nero macinato 3g
- 2 cucchiai di salsa di soia 30 ml
- 450g di pancetta di maiale
- 2 foglie di alloro
- 6 spicchi d'aglio

Istruzioni

1. Affettare la pancetta di maiale in 3 pezzi spessi, in modo che si cuocia più uniformemente.

2. Mettere la carne e tutti gli ingredienti all' interno di una pentola a pressione o Instant. Cuocere la pancia di maiale ad alta pressione per quasi 15 minuti. Lasciar riposare la pentola indisturbata per quasi 10 minuti e poi rilasciare il resto della pressione. Usando un set di pinze, rimuovere molto delicatamente la carne dalla pentola a pressione. Scolare la carne e lasciare asciugare e per quasi 10 minuti.

3. Affettare i tre pezzi di pancetta di maiale in 2 fette.

4. Mettere le fette di pancia di maiale nel cestello della friggitrice ad aria. Impostare la friggitrice a 200 gradi C per circa 15 minuti o fino a quando il grasso della pancetta di maiale è marrone o è croccante, e poi servire.

5. Se non avete una pentola a pressione mettere gli altri ingredienti in una pentola, coprire e cuocere per circa 60 minuti. Togliete la carne e lasciatela scolare e asciugare.

6. Mettere il lato della pelle della pancia di maiale su una teglia da forno e impostare il forno su broil. Lasciate la carne a cuocere per quasi 5 minuti sulla griglia più vicina alla griglia del forno finché la pelle non è croccante. Assicuratevi di tenere d'occhio il forno in modo che la pelle non si bruci.

Capitolo 4: Pesce, Sformati e Frittate

1. Sandwich di pesce croccante con la friggitrice ad aria

Tempo di cottura: 10 min, Tempo di preparazione: 10 min, Difficoltà: Facile, Dose: 2

Ingredienti

- Un pizzico di aglio in polvere
- Un pizzico di pepe
- 60g di pangrattato panko
- Un pizzico di sale
- 1 uovo
- 1 cucchiaio di succo di limone fresco
- Salsa tartara
- 1/2 cucchiaio di maionese 10g
- 300g di filetti di merluzzo tagliati a metà
- Olio da cucina
- 2 panini
- 2 cucchiai di farina 20g

Istruzioni

1. Iniziare preparando una stazione di cottura. Aggiungere la farina, il sale, l'aglio in polvere e il pepe in una ciotola abbastanza grande e immergervi il pesce.

2. Aggiungere il succo di limone, la maionese e l'uovo in un'altra ciotola abbastanza grande e immergervi il pesce. Mescolare l'uovo e mescolare i restanti ingredienti.

3. Prendere una ciotola separata per aggiungere il panko pangrattato. Tenere un asciugamano bagnato nelle vicinanze. Le mani possono sporcarsi.

4. Passo dopo passo, immergere il pesce nella farina, nella miscela di uova e nel pangrattato.

5. Mettere il pesce nel cestello dopo aver spruzzato il cestello della friggitrice ad aria con olio di cottura.

6. Spruzzare la parte superiore del pesce con olio da cucina.

7. Cuocere per quasi 10 minuti a 200 gradi C fino a quando non è dorato e croccante. Se volete girare il pesce, fatelo dopo 5 minuti e poi continuate a friggere all'aria fino a quando non è dorato e croccante.

8. Il pesce bianco è molto tenero e delicato. Fate molta attenzione mentre girate il pesce e mentre lo maneggiate quando lo togliete dalla friggitrice

---

perché si rompe facilmente. Utilizzare una spatola di silicone.

9. Preriscaldare il forno a 220 C.

10. Foderare una teglia con carta da forno e mettete il pesce.

11. Infornare per quasi 12 minuti o fino a quando non è dorato e croccante.

2. Salmone in friggitrice con glassa all'acero di Dijone

Tempo di cottura: 15 min, Tempo di preparazione: 10 min, Difficoltà: Medio, Porzione: 4

Ingredienti

- 3 cucchiai di sciroppo d'acero 45 ml
- 1 cucchiaio di senape di Digione 15 ml
- 1 limone medio (spremuto)
- 1 spicchio d'aglio, tritato
- 1 cucchiaio di olio d'oliva
- Un pizzico di sale
- Un pizzico di pepe
- 30g di burro
- 4 filetti di salmone

Istruzioni

1. Preriscaldare la friggitrice a 200 gradi C.
2. Contemporaneamente, sciogliere il burro in una piccola casseruola a fuoco medio. Aggiungere lo sciroppo d'acero, il succo di limone, la senape e l'aglio tritato. Far sobbollire per quasi 3 minuti e ridurre il calore quando la miscela comincia ad

addensarsi leggermente. Togliere dal fuoco e mettere da parte.

3. Versare l'olio sul salmone e cospargere di pepe e sale. Mettere il pesce in un solo strato nel cestello della friggitrice ad aria. Cuocere per circa 7 minuti fino a quando il pesce non diventa leggermente dorato e si sfalda facilmente con una forchetta.

4. Irrorare con la salsa poi servire.

3. Scampi di gamberi Keto

Tempo di cottura: 10 min, Tempo di preparazione: 5 min, Difficoltà: Facile, Porzioni: 4

Ingredienti

- 1 cucchiaio di succo di limone 15 ml
- 2 cucchiaini di pepe rosso in fiocchi 6g
- 1 cucchiaio di erba cipollina tritata 3g
- 1 cucchiaio di basilico fresco tritato 3g
- 1 cucchiaio di aglio tritato 3g
- 2 cucchiai di brodo di pollo
- 40g di burro
- 450 g di gamberi crudi

Istruzioni

1. Accendi la friggitrice a 160 gradi C. Metteteci dentro una padella di metallo e iniziate a riscaldare mentre preparate i vostri ingredienti.

2. Mettere l'aglio, il burro e i fiocchi di pepe rosso nella padella calda.

3. Lasciate cuocere per 2 minuti, mescolando solo una volta, fino a quando il burro si scioglie. Questo passo è importante. Amalgama l'aglio nel burro, il che rende il tutto più delizioso.

4. Aprire la friggitrice ad aria, aggiungere il burro, l'aglio tritato, il succo di limone, i fiocchi di pepe rosso, l'erba cipollina, il brodo di pollo, il basilico e i gamberi nella padella, mescolando delicatamente.

5. Lasciare cuocere i gamberi per 5 minuti, mescolando solo una volta. A questo punto, il burro dovrebbe essere ben sciolto.

6. Mescolate molto bene, togliete la padella con i guanti da forno e lasciate riposare per quasi 1 minuto sul tavolo. Lasciate cuocere i gamberi con meno calore, piuttosto che lasciarli cuocere troppo, che li rende gommosi.

7. Mescolare alla fine di 1 minuto. Ora i gamberi sono ben cotti.

8. Cospargete altre foglie di basilico fresco ed il piatto è pronto.

4. Fish and chips con la friggitrice ad aria

Tempo di cottura: 35 min, Tempo di preparazione: 10 min, Difficoltà: Difficile, Porzione: 4

Ingredienti

- 125g di pangrattato
- 1 uovo
- 60g di farina
- 2 patate rosse
- 1 cucchiaino di sale 5g
- 2 cucchiai di olio 30 ml
- 450 g di filetto di pesce (merluzzo, pesce gatto, tilapia)

Istruzioni

1. Tagliare le patate come patatine fritte o a spicchi. Prendere una ciotola, e mescolare le patate, sale e olio insieme.

2. Aggiungere le patate al cestello della friggitrice ad aria e cuocere a 200 gradi C per quasi 20 minuti, scuotendo due volte. Togliere dal cestello quando è pronto.

3. Contemporaneamente, preparate il pesce. Prendere una ciotola profonda e aggiungere la farina; prendere una seconda ciotola e

aggiungere l'uovo sbattuto e prendere la terza ciotola, aggiungere il panko. Passo dopo passo, immergere il pesce a filetti un pezzo alla volta nella farina, poi nell'uovo e poi nel pangrattato.

4. Aggiungere il pesce alla friggitrice ad aria e impostarla a 160 gradi C per 15 minuti. Controllate a metà cottura e girate quando necessario.

5. Servire con qualsiasi salsa.

5. Gamberi fritti Bang Bang con la friggitrice ad aria

Tempo di cottura: 20 min, Tempo di preparazione: 10 min, Difficoltà: Medio, Porzione: 4

Ingredienti

- 1 albume d'uovo 3 cucchiai
- 1 cucchiaino di paprika 3g
- Grill Mates Montreal Chicken (mix di spezie ed erbe)
- Salsa Bang Bang salsa a base di 3 peperoncini molto piccanti)
- 60 g di farina
- 450g di gamberi crudi sgusciati
- 30g di pangrattato Panko
- Sale e pepe
- Olio da cucina
- 2 cucchiai di Sriracha 30 ml
- 60 ml di salsa di peperoncino dolce
- 80g di yogurt greco normale

Istruzioni

1. Preriscaldare la friggitrice ad aria a 200 gradi C.

2. Condite i gamberi con i condimenti.

3. Mettere gli albumi, il panko e la farina in 3 ciotole separate.

4. Immergere i gamberi per gradi, prima nell'albume, poi nel panko e alla fine nella farina.

5. Spruzzare i gamberi con olio di cottura.

6. Aggiungere i gamberi nel cestello della friggitrice ad aria. Cuocere per quasi 4 minuti. Aprire il cestello della friggitrice e girare i gamberi. Cuocere di nuovo per altri 4 minuti o fino a quando sono dorati e croccanti.

7. Mescolare tutti gli ingredienti per la salsa in una ciotola. Mescolare accuratamente per amalgamare. Servire con I gamberi.

6. Cavoletti di Bruxelles croccanti all'aceto balsamico con la friggitrice ad aria

Tempo di cottura: 10 min, Tempo di preparazione: 10 min, Difficoltà: Facile, Porzioni: 4

Ingredienti

- 75g di cipolle rosse affettate
- 300 g circa di cavoletti di bruxelles (freschi e tagliati a metà)
- 1 cucchiaio di aceto balsamico 15ml
- 1 cucchiaio di olio d'oliva
- Olio da cucina spray
- Sale e pepe

Istruzioni

1. Mettere le cipolle rosse affettate e i cavoletti di Bruxelles in una grande ciotola. Cospargere l'olio d'oliva (o spruzzare l'olio da cucina) e l'aceto balsamico in tutto il composto.

2. Cospargere di pepe e sale a piacere. Mescolare per ricoprire uniformemente.

3. Cospargere di olio di cottura il cestello della friggitrice ad aria.

4. Aggiungere le cipolle e i cavoletti di Bruxelles. Non sovraffollare il cestello. Cuocere in più riprese, se necessario, a seconda del modello di friggitrice ad aria.

5. Cuocere per quasi 5 minuti a 180 gradi C.

6. Aprire la friggitrice ad aria e far saltare le verdure con le pinze da cucina.

7. Cuocere per altri 5 minuti. Ogni marca di friggitrice ad aria cuoce in modo diverso. Quasi dopo 8 minuti, diventeranno leggermente grigliate ma ancora morbide. A 10 minuti saranno croccanti.

8. Raffreddare prima di servire.

7. Padellata di polpette di zucca all'aglio ed erbe

Tempo di cottura: 15 min, Tempo di preparazione: 10 min, Difficoltà: Facile, Porzioni: 3

Ingredienti

- 2 bulbi d'aglio
- Un pizzico di pepe
- Un pizzico di sale
- Un pizzico di origano (secco)
- 1 cucchiaio di olio d'oliva 15 ml
- 750 g di zucca (dimezzata)
- 1 cucchiaio di prezzemolo fresco
- Un pizzico di timo (secco)

Istruzioni

1. Preriscaldare la friggitrice a 190 C.
2. Mettere la zucca in una grande ciotola. Unire origano, olio, timo, aglio, sale e pepe, cospargere sulla zucca e mescolare. Mettere la zucca su un vassoio unto in un unico strato nel cestello della friggitrice ad aria. Cuocere per quasi 15 minuti fino a quando non si ammorbidisce, mescolando spesso.
3. Cospargere di prezzemolo e servire.

8. Cavolfiore alla "general tso" con la friggitrice ad aria

Tempo di cottura: 20 min, Tempo di preparazione: 5 min, Difficoltà: Facile, Dose: 2

Ingredienti

- 65g di amido di mais
- 65g di farina universale
- 1 cucchiaino di sale 5g
- 60 ml di acqua gassata
- 1 cucchiaino di lievito in polvere 4g
- 1 cavolfiore di medie dimensioni

Salsa:

- 2 cucchiai di olio di sesamo 30 ml
- 3 cucchiai di zucchero 45g
- 3 cucchiai di salsa di soia 45ml
- 3 cucchiai di brodo vegetale 45 ml
- 60 ml di succo d'arancia
- 2 cucchiai di aceto di riso 30 ml
- 2 cucchiai di amido di mais 40g
- 2 cucchiai di olio di canola 30 ml
- Da 2 a 6 peperoncini secchi pasilla o altri peperoncini piccanti

- 3 cipolle verdi, parte bianca tritata

- 3 spicchi d'aglio, tritati

- 1 cucchiaino di radice di zenzero fresco grattugiato 3g

- 4 tazze di riso cotto caldo

- 1/2 cucchiaino di scorza d'arancia grattugiata

Istruzioni

1. Preriscaldare la friggitrice a 200 gradi C. Unire la farina, il sale, l'amido di mais e il lievito in polvere. Mescolate con l'acqua gassata fino a quando non si e amalgamato (la pastella sarà sottile). Immergere le cimette nella pastella; spostare in una teglia da forno su una griglia. Lasciare riposare per circa 5 minuti. Mettere il cavolfiore in più riprese su un vassoio unto in un cestello della friggitrice ad aria. Cuocere per quasi 12 minuti fino a che sia tenero e dorato.

2. Mescolare simultaneamente i primi 6 ingredienti della salsa; mescolare l'amido di mais fino ad ottenere un composto omogeneo.

3. Prendere una grande casseruola, scaldare l'olio di canola a fuoco medio. Aggiungere i peperoncini; cuocere e mescolare fino a quando diventa fragrante per quasi 2 minuti. Aggiungere la parte bianca delle cipolle, lo zenzero, l'aglio e la scorza d'arancia; cuocere per quasi 1 minuto finché non diventa fragrante. Mescolare la miscela di succo

d'arancia e rimettere nella casseruola; portare a ebollizione; cuocere e mescolare per 2-4 minuti fino a quando si addensa.

4. Aggiungere la salsa al cavolfiore. Servire con riso cotto e cospargere con piccole cipolle verdi affettate.

9. Carote al cumino con la friggitrice ad aria

Tempo di cottura: 15 min, Tempo di preparazione: 5 min, Difficoltà: Facile, Porzioni: 4

Ingredienti

- 450g di carote
- 2 cucchiaini di semi di coriandolo 6g
- 1 cucchiaio di olio di cocco fuso o burro 10g
- 2 spicchi d'aglio
- Un pizzico di sale
- Un pizzico di pepe
- 2 cucchiaini di semi di cumino 6g
- Coriandolo fresco tritato

Istruzioni

1. Preriscaldare la friggitrice ad aria a 160 gradi C. Prendere una padella asciutta e tostare il coriandolo e i semi di cumino a fuoco medio-alto per circa 60 secondi o fino a quando non diventano croccanti o aromatici, mescolando di tanto in tanto. Raffreddare leggermente la miscela. Tritare finemente in un macinino per le spezie.

2. Mettere le carote in una grande ciotola. Aggiungere l'olio di cocco fuso, il pepe, il sale, l'aglio e le spezie schiacciate; mescolare per

condire uniformemente. Mettere su un vassoio unto nel cestello della friggitrice ad aria.

3. Cuocere fino a leggera doratura e croccantezza per quasi 15 minuti, mescolando di tanto in tanto.

4. Se si desidera, cospargere di coriandolo e servire.

10. Anelli di Cipolla con la friggitrice ad aria

Tempo di cottura: 25 min, Tempo di preparazione: 15 min, Difficoltà: Facile, Porzioni: 4

Ingredienti

Per la cipolla

- 3 uova grandi
- 125g di pangrattato
- 1 cipolla gialla grande
- 2 cucchiaini di paprika 6g
- 1 cucchiaino di aglio in polvere 3g
- 1 cucchiaino di cipolla in polvere 3g
- 3 cucchiai di olio extravergine d'oliva 45 ml
- 1 cucchiaino di sale kosher 5g

Per la salsa

- 80 ml di maionese
- 2 cucchiai di ketchup
- Un pizzico di paprika
- Un pizzico di aglio in polvere
- Un pizzico di origano secco
- 1 cucchiaino di rafano 3g
- Sale kosher

Istruzioni

1. Tagliare il gambo della cipolla e mettere la cipolla sul lato dritto. Tagliare dalla radice in giù (quasi 2 cm) in diverse sezioni, facendo attenzione a non affettare fino in fondo. Girare e tirare fuori lentamente le sezioni di cipolla in modo che i petali siano separati.

2. Prendete una ciotola poco profonda, mescolate 1 cucchiaio di acqua e le uova. Prendi un'altra ciotola poco profonda, mescola le spezie e il pangrattato. Immergere la cipolla nella miscela di uova, poi immergerla nella miscela di pangrattato usando un cucchiaio per ricoprirla interamente. Condire la cipolla con l'olio.

3. Mettere nel cestello della friggitrice ad aria e cuocere per quasi 25 minuti a 190 C fino a quando la cipolla è morbida. Condire con altro olio a piacere.

4. Contemporaneamente preparate la salsa: prendere una ciotola media, mescolare ketchup, maionese, paprika, aglio in polvere, rafano e origano secco. Condire con il sale.

5. Servire la cipolla con la salsa per l'immersione e godere.

Conclusione

Fai attenzione quando si tratta di guarnizioni e condimenti. Quando scegli i prodotti fai attenzione ai condimenti per insalata ricchi di grassi, alle salse e ai contorni come la panna acida. La maionese e le salse a base di olio aggiungono alcune calorie. Prova a tenere la maionese, e puoi presentarti a chiedere una bottiglia di ketchup o senape, ma controllando quante ne metti sul panino.

Attieniti alle bevande a zero calorie. La soda è una fonte importante di calorie nascoste. In una tipica e famosa bevanda gassata grande sono incluse circa 300 calorie, che facilmente divora una grande porzione del tuo regolare apporto calorico. Con le loro 800 calorie, i frullati sono anche peggio. E non fatevi ingannare dalla limonata e dalle bevande alla frutta che introducono calorie e zucchero senza molti nutrienti. Ordinate invece acqua, soda dietetica o tè non zuccherato.

Sii intelligente da tutti i punti di vista. Cercate sul menu cose che siano accompagnate da uno o due contorni. Patatine fritte, riso, pasta, anelli di cipolla, insalata di cavolo, maccheroni e formaggio, biscotti e purè di patate con salsa sono contorni che fanno salire facilmente le calorie. Le insalate di contorno con salsa leggera, le patate al forno (senza esagerare con i condimenti), le coppe di frutta fresca, le pannocchie di mais o le fette di mela sono scommesse più sicure.

Hai davvero bisogno di quelle patatine? Un hamburger o un panino possono essere molto sazianti da soli. Oppure se il tuo pasto senza patatine fritte non ti sembra completo, scegli la taglia più piccola (che può avere 400 calorie in meno di una porzione grande).

Ignorate la pancetta. L'aggiunta di pancetta a panini e insalate per aggiungere gusto è spesso allettante ma la pancetta ha relativamente meno sostanze nutritive ed è ricca di grassi e calorie. Invece, aggiungi spezie senza il grasso ordinando sottaceti, peperoni, pomodori o senape.

CPSIA information can be obtained
at www.ICGtesting.com
Printed in the USA
BVHW091119220621
610208BV00002B/56